DIPLODOCO

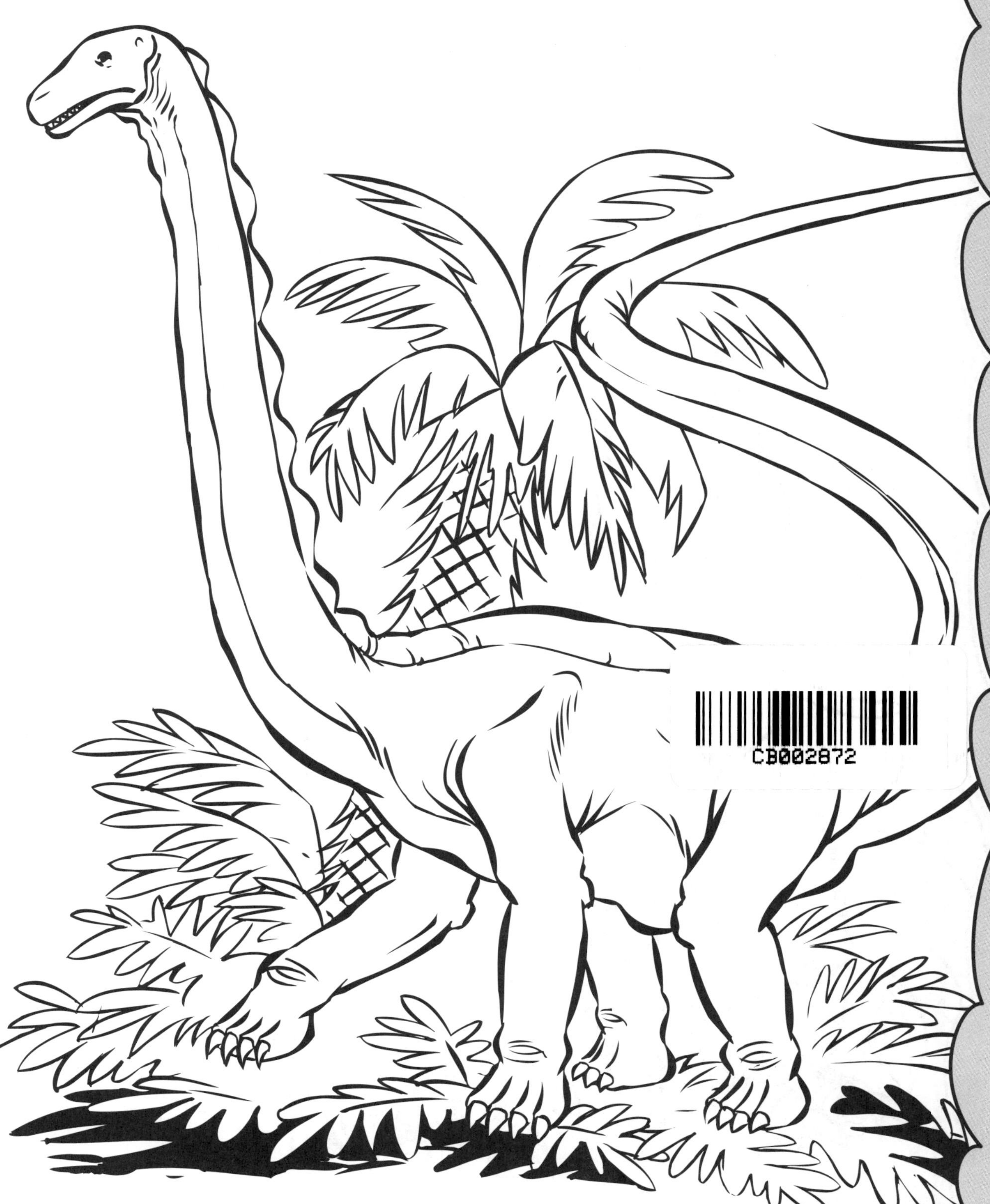

TIRANOSSAURO

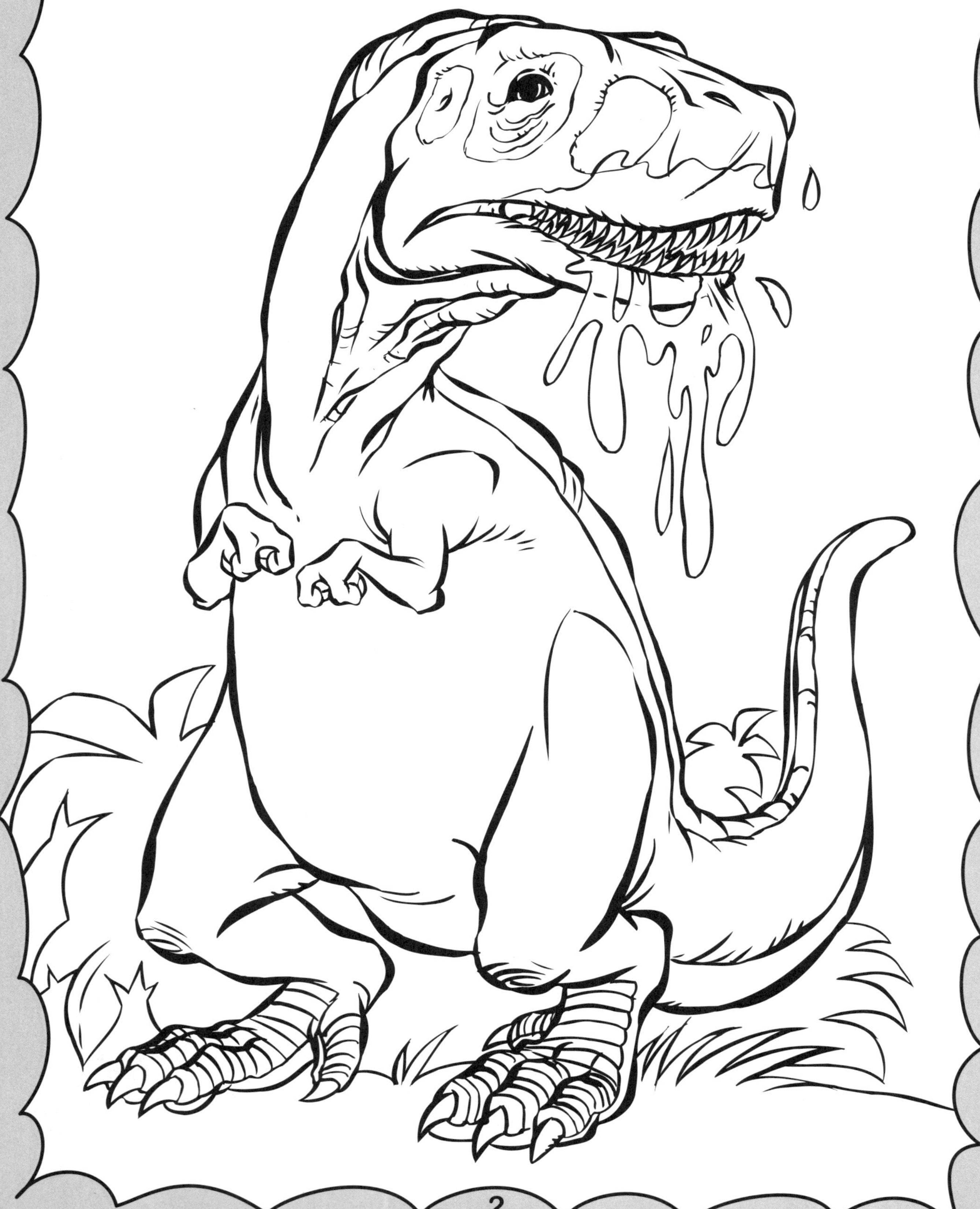

MAIASSAURA

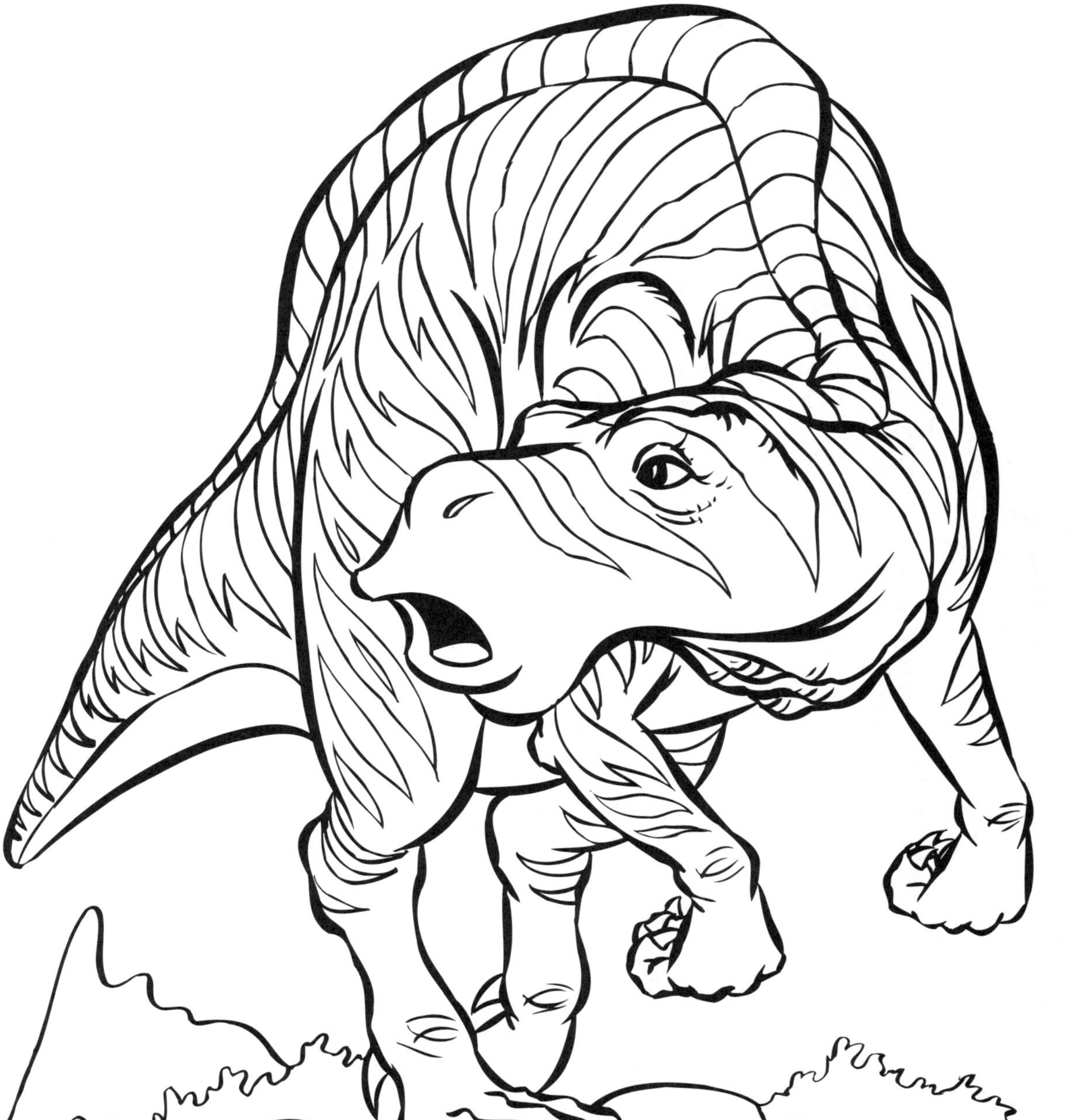

ALOSSAURO

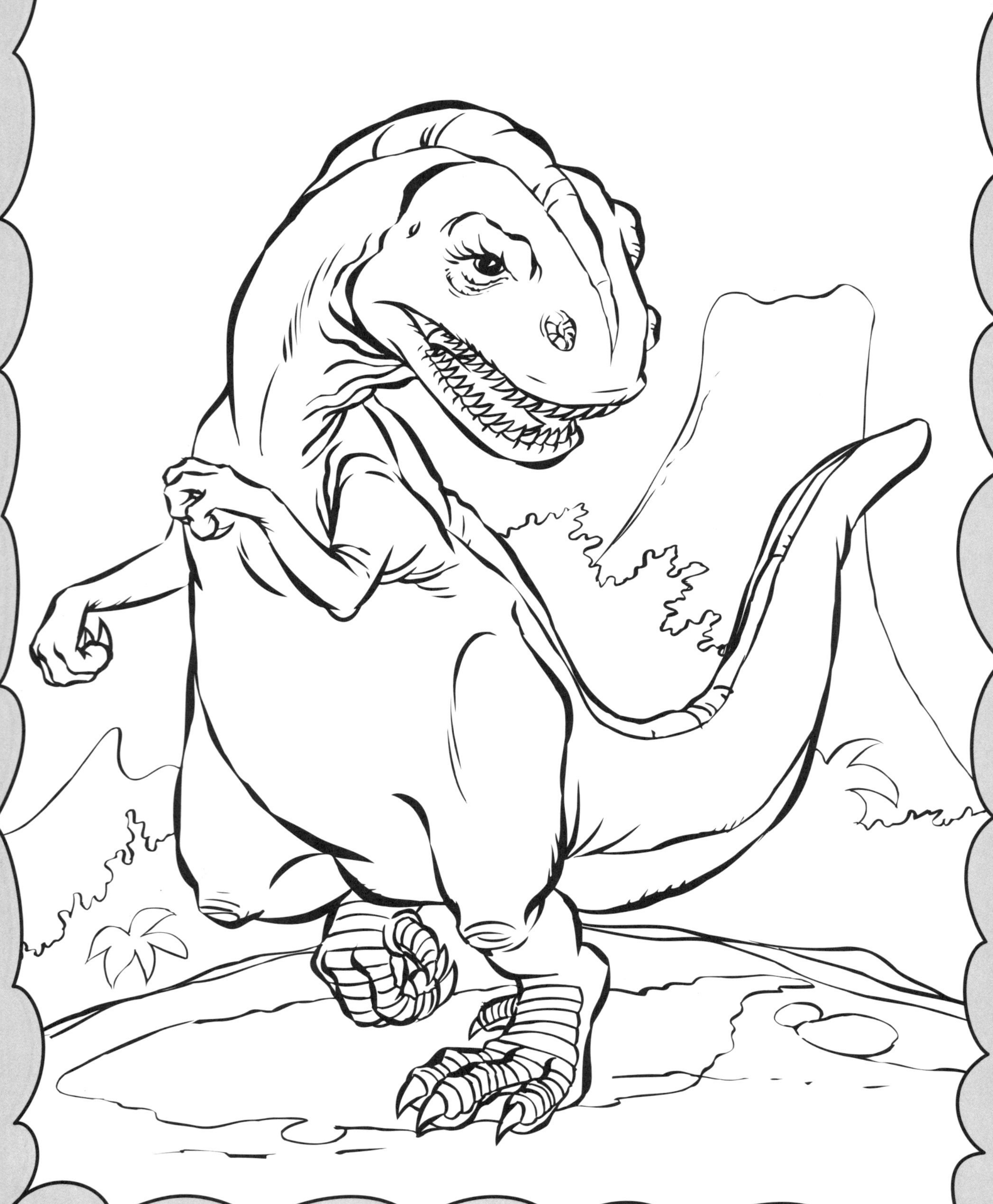

DEINONICO

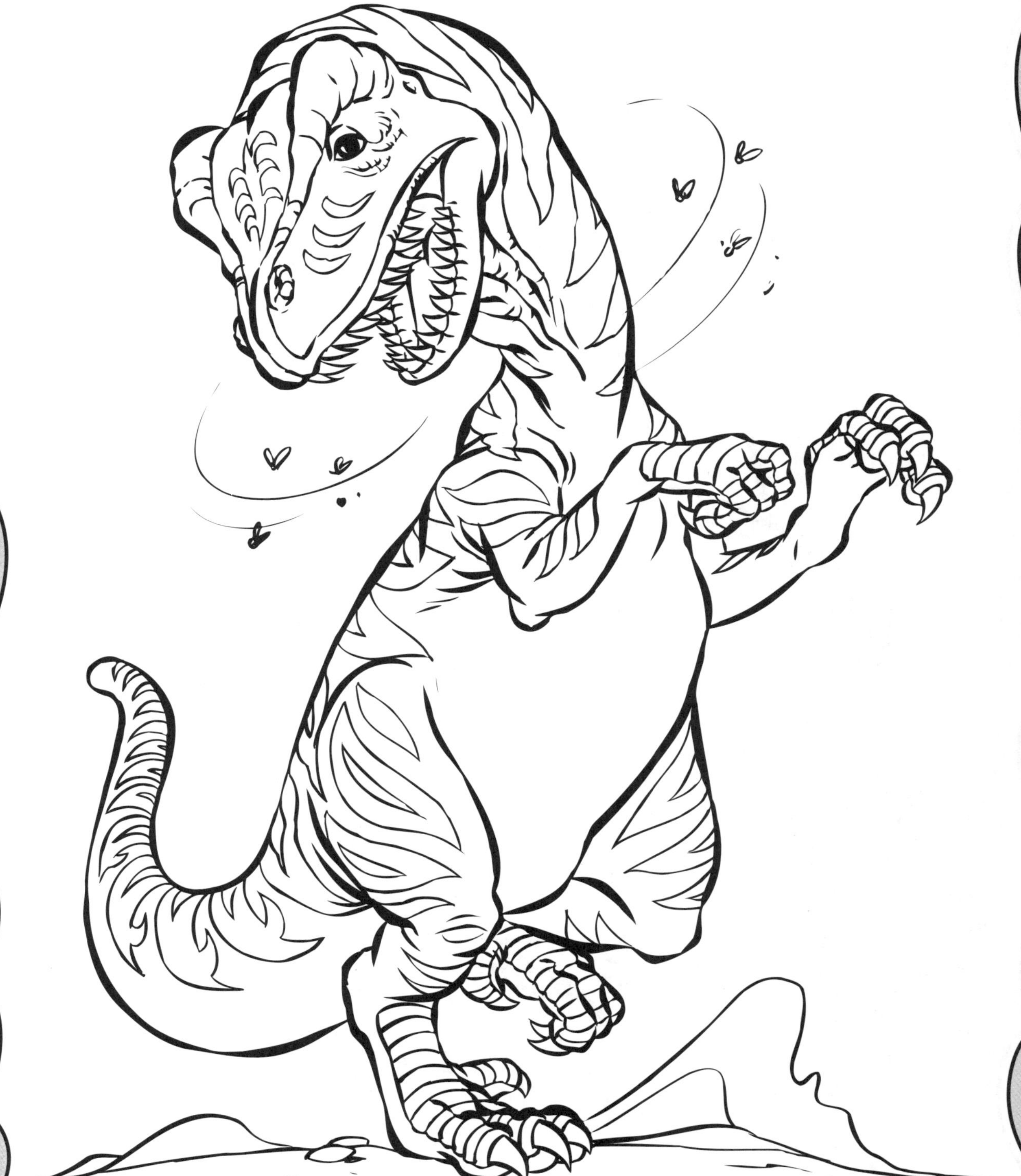

TRICERÁTOPO

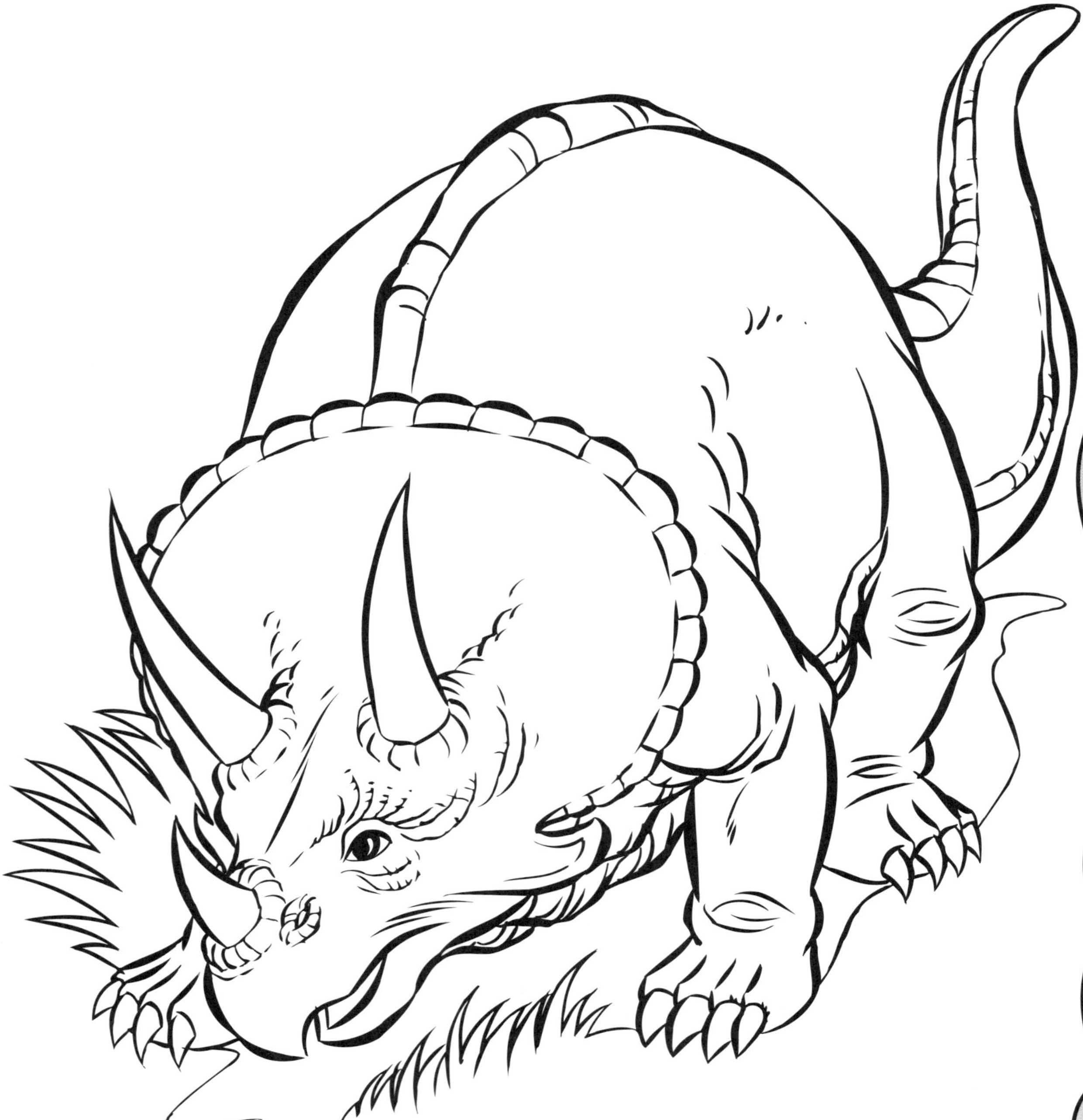

OVIRRAPTOR

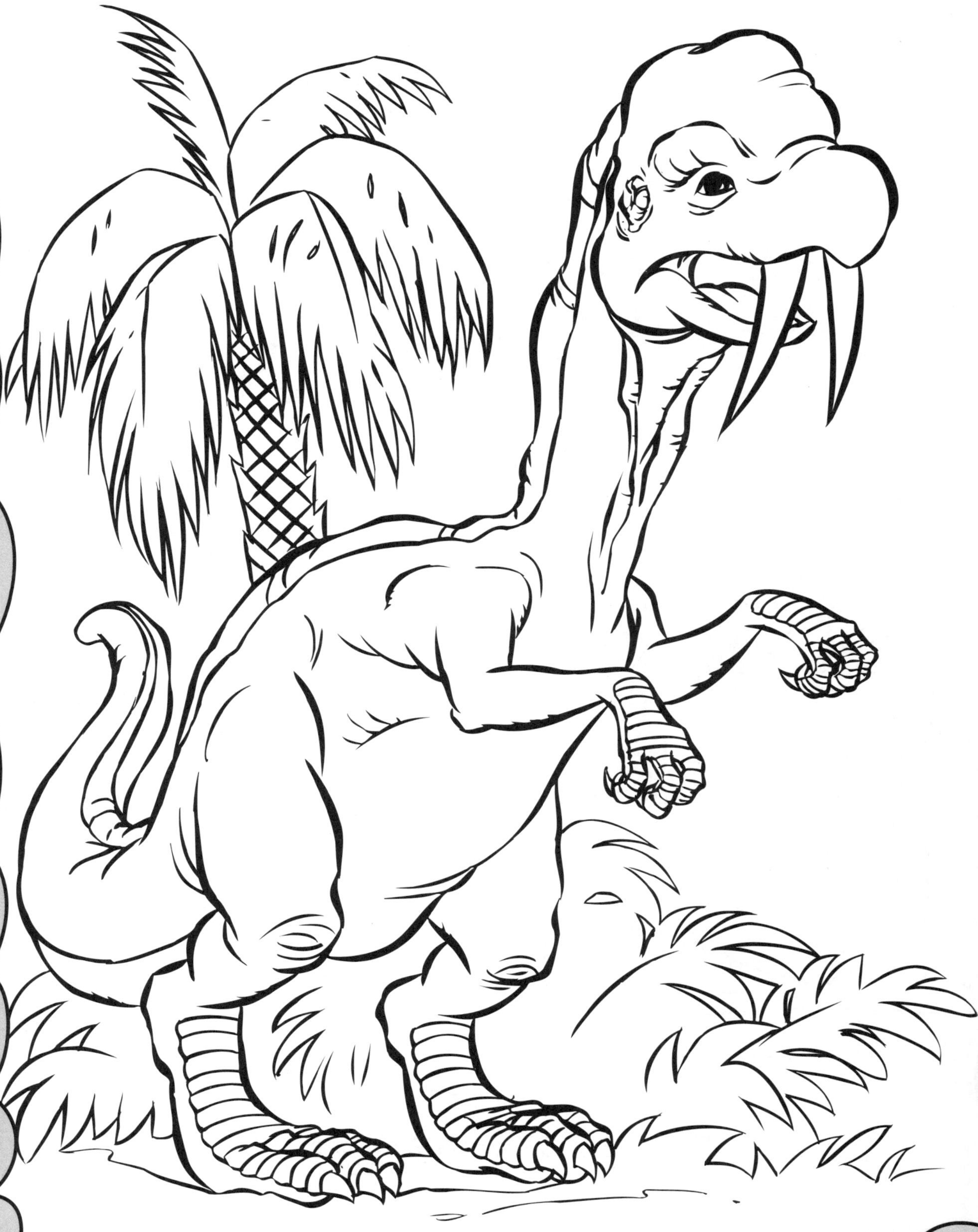

ESTEGOSSAURO

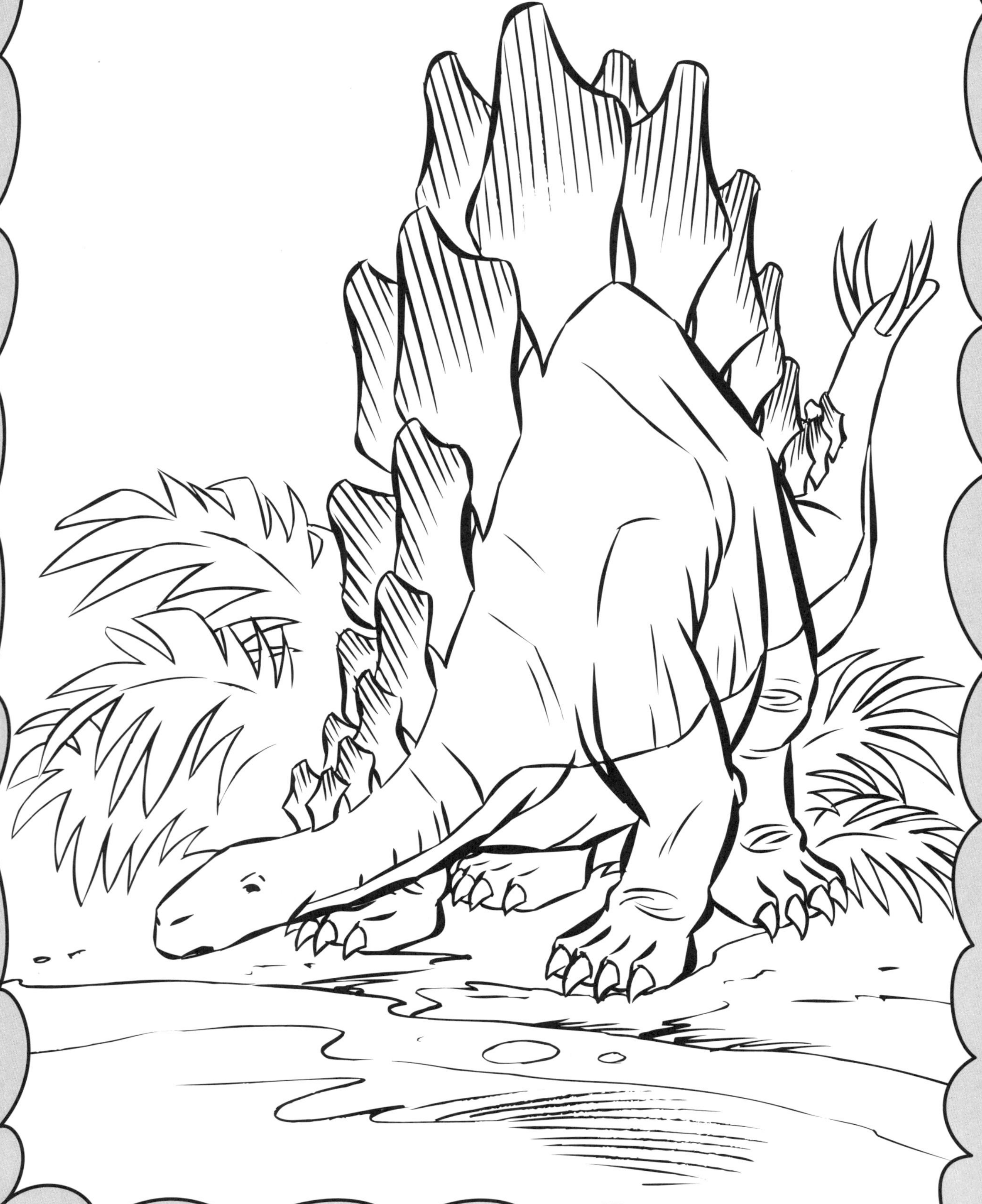